PÉTITION

AUX REPRÉSENTANTS DU PEUPLE A L'ASSEMBLÉE LÉGISLATIVE.

PRÉCIS HISTORIQUE ET PHYSIOLOGIQUE

De Paris comparé aux pays étrangers limitrophes à la France.

IL EST IMPOLITIQUE DE LAISSER ÉMIGRER, EN PURE PERTE ET SANS AUCUN ÉCHANGE,
LE NUMÉRAIRE A L'ÉTRANGER : C'EST UNE SOURCE DONT IL FAUT SAVOIR
SE SERVIR, EN LE RETENANT ET EN L'ATTIRANT, AU PROFIT
DU MALHEUR QUI AFFECTE LE CŒUR HUMAIN, ET QUI
AFFAIBLIT L'UNION DU CORPS SOCIAL.

HYGIÈNE, MORALE, POLITIQUE HUMANITAIRE.

ÉTABLISSEMENTS D'ASSISTANCES ET DE BIENFAISANCES PUBLIQUES, CITÉS OUVRIÈRES,
INVALIDES CIVILS, BANQUE INTERMÉDIAIRE ET TOUTE HUMANITAIRE
POUR LE PETIT COMMERCE ET LA PETITE INDUSTRIE.

(Sans augmentation d'Impôt, sans rien demander aux Contribuables.)

Ce qu'est Paris à la France, ce qu'est la France à Paris.

APPEL AU PEUPLE OUVRIER.

PAR DE CHAUVIGNY DE BLOT (ANTOINE-HYPPOLITE).

JUSTICE ET COMPASSION !
FRATERNITÉ, FAMILLE, TRAVAIL !!

Prix : 30 centimes.

Dépôt Central
CHEZ LÉVY, PLACE DE LA BOURSE, N° 15,
Et chez tous les principaux Libraires de Paris.

1849.

PRÉCIS HISTORIQUE ET PHYSIOLOGIQUE

DE PARIS COMPARÉ AUX PAYS ÉTRANGERS

LIMITROPHES A LA FRANCE.

Il est impolitique de laisser émigrer, en pure perte et sans aucun échange, le numéraire à l'étranger : c'est une source dont il faut savoir se servir, en le retenant et en l'attirant, au profit du malheur qui affecte le cœur humain, et qui affaiblit le corps social.

HYGIÈNE, MORALE, POLITIQUE HUMANITAIRE.

Quand le riche n'a aucune crainte de troubles, il donne des fêtes, il joue, il dépense ; l'impulsion du numéraire fait tout mouvoir, et alors le peuple, à son tour travaille, fournit avec satisfaction aux besoins de la famille, et le dimanche arrivé, il va gaîment à la guinguette.

Assez de révolutions! — L'honnête ouvrier ne peut plus douter, et il doit être bien édifié ; il a entendu ces Tribuns parlant aux passions, agitant les masses, les poussant à des idées de rêves, d'utopies ; tendant à tout détruire et tout désorganiser.

En temps normal et régulier, les ambitions démagogiques ne peuvent arriver ; il leur faut donc briser les rouages de l'organisation sociale, et ces Tribuns, après avoir attiré, par des agitations fébriles, ce torrent qui rompt les digues nécessaires au bien-être général, arrivés au but qu'ils aspiraient, se jouent de cette misère populaire qu'ils ont aggravée, deviennent des tyrans, ou au jour du combat qu'ils ont amené par des appels aux armes, fuient lâchement et ne laissent que de malheureuses victimes égarées, qui ne voient que trop tard combien elles ont été trompées !!

Ce brillant orateur populaire, dans le feu des improvisations calculées contre l'immoralité du jeu, pour s'essuyer, tirant son mouchoir, ne montrait-il pas, par les cartes piquées qu'il laissait tomber, le manque de conviction ? — Déblatérant le matin contre le jeu, le soir, criant, tempétant de ce que l'on ne jouait pas assez tôt ! — S'il eût été mieux connu, que de longs cheveux portés à son image, eussent été coupés !

Peut-on réellement empêcher de jouer ? Non, l'expérience est là ; tout est jeu dans la nature.

Vouloir mettre un frein absolu, l'idée en devient une passion, une frénésie : il y a débordement ! — Le numéraire disparaît, émigre, ils sent le besoin d'être agité et remué ; l'homme à cet effet, lui a donné la forme qui le fait rouler plus aisément. Celui qui le possède à profusion, y trouve une électricité vivifiante, épuisé par la trop grande facilité des jouissances, et après la satiété, ce maniement continuel de l'or et de l'argent, cette alternative entre le gain et la perte, deviennent l'attrait puissant qui le fixe au lieu où il peut satisfaire sa passion, et le paralytique apporté par ses valets, y trouve les seules sensations qui ravivent son existence.

Il faut donc, autant que possible, introduire de l'ordre dans le désordre, de la moralité dans l'immoralité, et faire en sorte que d'un mal, pour en empêcher un plus grand, il puisse en résulter un bien visiblement apparent, profitable et utile à tous : d'une utilité telle, que ce bien provenant des passions humaines, sagement réglementées, n'ait enfin qu'un résultat humanitaire.

Les jeux publics de hasard, ont existé à Paris sous plusieurs formes et sous plusieurs dénominations :

Sous celle de tolérance, ils se donnaient et se concédaient à qui était le plus adroit, le plus intrigant, et à qui savait, bien à propos, faire passer de ces pots de vin, qui ont fait la fortune de plus d'un haut personnage.

L'on sentit que l'on ne pouvait arrêter complétement et subitement cette passion : tout homme en a, n'importe le nom qui lui soit applicable; mais l'on comprit aussi les abus de ces fortunes si promptement et si mal acquises.

De là vint la Ferme-Régie des jeux, donnée à la Ville de Paris, qui, sous son contrôle et sous sa responsabilité, de ce produit, versait annuellement CINQ MILLIONS CINQ CENT MILLE FRANCS au trésor : le surplus des recettes, servait à son Administration et aux Hospices.

Par cette forme de réglementer et d'administrer un mal que l'on veut appeler immoralité, un sage administrateur, à chaque renouvellement de bail, par l'expérience acquise, avait la facilité d'y introduire des améliorations qui devenaient progressivement sensibles, et qui, en maintenant le riche, l'étranger à Paris, contribuaient à un mouvement de dépenses où généralement le commerce trouvait un profit qui donnait de la vie à une capitale.

A la Folie Sainte-James, où le champagne se versait à flots, naquit l'idée de revenir à la dénomination de tolérance ; la Ferme-Régie était devenue une opération régulière, légale, qui demandait à l'expiration de chaque bail, de la publicité, de la concurrence : cette concession ne pouvant plus être faite de gré à gré, plus de soumissionnaires fictifs possibles, la Ville de Paris, *mineure*, nul ne pouvant aussi disposer de ses revenus légalement perçus.

Le travail (projet) de trois cercles qui ne pouvaient être publics, fut déposé à la Ville, il est dans les cartons, division de la comptabilité : ces trois cercles sous la dénomination de tolérance, soumissionnés, devaient être accordés après la fermeture définitive des *jeux publics*.

Le dernier jour de la session de 1836, pour ainsi dire à la dernière heure, au moment du départ, sans discussion, sans débat :

« Messieurs : le fermier actuel a fait une soumission par » laquelle il s'engage à continuer le bail pendant une année » aux mêmes conditions. »

Aussitôt un amendement ainsi conçu :

« Le bail actuel est prorogé jusqu'au 1er janvier 1838, » à dater de cette époque, les *jeux publics* seront supprimés. »

Le Conseil général de la Seine, qui n'était pas dans le secret, se regardant le lendemain, ne pouvait rien comprendre à ce *coup de l'étrier !*

Messieurs les députés de 1836, *tournant bride un peu trop court*, pouvaient bien prononcer le rejet des cinq millions cinq cent mille francs, et décider qu'ils ne figureraient plus dans le budget de l'État.

Mais accorder une prorogation de bail qui appartenait à la Ville de Paris, *mineure*, c'était aller loin, peut être de l'illégalité irréfléchie, et au delà de tout pouvoir !

Par ces expressions, *jeux publics supprimés*, il était évident que l'on croyait à la certitude de la réouverture de trois cercles qui n'auraient pas été publics, et que, par ce moyen, en employant la dénomination de *Tolérance, l'on pourrait facultativement les concéder.*

Les événements politiques se succèdant avec rapidité, les hommes publics passant avec cette même rapidité, tous ces projets avortés sont restés enfermés dans les cartons.

Voyons maintenant ce qu'il est résulté de toute cette soi-disant moralité.

Les gouvernements limitrophes se sont empressé d'établir des cercles pour attirer le numéraire dans leurs pays ; par des fêtes habilement ordonnées, ils ont compris l'attraction qu'ils opéraient sur les possesseurs de grandes fortunes en les maintenant par des séjours prolongés, il y avait chez eux mouvements de l'existence aisée ; des capitaux s'y répandant, sont donc devenus une fortune pour les localités.

A Londres, capitale d'un gouvernement essentiellement positif et mercantile, existaient des lois sévères : peines infâmantes à qui tenait des clubs où se jouaient les jeux de hasard.

Pendant que Paris ouvrait ses salons régis par la légalité de l'autorité, les Anglais fuyant cette gêne qui irrite les désirs, arrivaient en nombre dans notre capitale, y séjournaient, y faisaient de la dépense, goûtant de plus avec bonheur et toute sécurité de garantie, de ce fruit défendu dans leur pays ; et alors, la plus grande partie de la recette, *six huitièmes au moins*, provenait, ce qui est incontestable, de la richesse de l'étranger.

Le gouvernement anglais s'aperçut, à la disparition de son numéraire dont Paris se trouvait très-bien, de la difficulté à vouloir par trop moraliser par la pénalité, et quoique laissant subsister sa législation, une quantité de clubs *tolérés* s'ouvrirent pour paralyser une émigration qui emportait la vie de ses masses d'habitants.

Quel bienfait a-t-on retiré de la fermeture totale des jeux ?

Le Palais National dont les beaux magasins sont déserts, deviendra bientôt une seconde place des Vosges.

Tous ces grands établissements où le luxe et le confortable se remarquaient dans cette capitale si recherchée, se ferment, ou luttant avec une peine d'agonie, ne peuvent arriver à se couvrir des frais qu'entraîne ce grandiose d'apparat.

Ne joue-t-on plus ? N'arrive-t-il plus de ces calamités particulières ? A-t-on pu enfin, par cette prétendue moralité, changer la nature de l'homme, et faire au moins, depuis, surgir cet apogée de prospérité générale ?

Les jeux supprimés n'arrêtèrent point la passion terrible qu'ils excitent dans le cœur humain ; chacun doit se souvenir qu'il fut créé pour près de *deux millards* d'actions indutrielles qui centuplèrent le jeu, bien plus dangereux, des spéculations de la Bourse où il s'opère sur de l'inconnu, et par des manœuvres que le code pénal seul peut quâlifier : toutes les Compagnies créatrices de ces actions, ne créèrent en définitive que la ruine de cent mille familles, car elles manquèrent toutes, ne laissant derrière elles que la misère et le déshonneur !

Après une aussi cruelle leçon, il semblerait que cette rage du jeu, doit être éteinte pour toujours : pas du tout : une autre rage apparut bientôt, plus grande encore, ce fut celle des Compagnies des Chemins de fer ; Dieu sait les résultats funestes qu'elles jettèrent dans toutes les classes de la société : les provinces malheureusement se joignirent aux folies de la capitale, et se ruinèrent avec elle ! !

L'homme qui n'a que de bonnes intentions d'intérêt général, avec la profonde conviction de l'expérience qu'il a acquise par des études d'observations et de méditations, malgré les préjugés que sa sincérité lui dit d'affronter, ne doit pas hésiter à émettre franchement les moyens qu'il sait être à même de pouvoir, par leur exécution, procurer au peuple ouvrier un allégement à ses peines : de ces fortunes de tous pays, de ces tables (festins splendides), de ces tapis où l'or qui ne se donne pas, domine tant de désirs électriques ; par des réglements sagement médités, qui calment au lieu d'irriter, il peut lui en résulter un bienfait manifeste, un bienfait général, humanitaire.

Que fait au peuple, démagogues, théoriciens, qui trèspeu moraux, ne préchez que moralité, que les riches, n'importe comment, emploient leurs immenses fortunes, si de ces fortunes il y trouve pour lui : travail, abri sain pour la famille, de l'assistance humanitaire dans des moments de calamités, et ces invalides civils pour la vieillesse qui ne serait plus obligée de tendre la main, et condamnée, octogénaire, à ce dépôt de mendicité, dégradation de la dignité de l'homme !

La Ville de Paris a de grandes charges; de grands devoirs à remplir pour atténuer une misère générale : capitale de la France, elle est le refuge de tout ce qui devient malheureux dans les provinces, qui croyant y trouver au moins de l'existence, comme au sein d'une mère, n'y sont souvent qu'en trop grand nombre, exposés à une vie de privations, qui démoralise et présente un tableau indigne d'un grand peuple qui se vante de ses lumières et de sa civilisation!!

Au moment où une Commission de Représentants a été nommée pour arriver à trouver comment on pourra constituer sur des bases solides, ce que toutes les âmes honnêtes désirent : guidé par ce dévouement d'amour à son pays et à ses semblables, je soumets un moyen, jose dire rationnel et national.

Sans augmentation d'impôt, sans rien demander aux contribuables : ce moyen puisé dans le passé et dans le présent, aiderait, en attirant l'aisance, les fortunes dans Paris, à pouvoir y faire renaître un mouvement de capitaux qui amèneraient du travail, de la confiance et de la sécurité dans l'avenir des ouvriers dont on ne se servirait plus aussi facilement pour ces agitations qui ne sont que la décadence et la destruction des grands centres d'agglomérations de population, ou il faut :

Liberté avec sévérité, Égalité avec justice, Fraternité avec humanité.

Lorsque la ferme-régie des jeux a été supprimée, l'on sentait, par les améliorations successives qui y avaient été introduites, la nécessité d'intérêt général à ce qu'il n'y ait plus de maisons dont les portes seraient ouvertes à tout venant.

L'on comprenait aussi que ces millions versés au Trésor, n'étaient qu'un grain de sable dans un gouffre, et que d'un mal pour en éviter un plus grand, il n'en résultait pas réellement un bien assez évident.

Ainsi donc, ma conviction est positive, et je crois, quoique travaillant dans l'obscurité, avoir été à même d'étudier les besoins et les mœurs de toutes les classes de la société, qu'il n'est pas politique de vouloir moraliser de manière à se priver d'un superflu qui peut adoucir bien des misères : superflu qui ne s'offre pas gratuitement, et qui émigre pour satisfaire les passions de son possesseur.

Émigration qui porte à l'étranger les richesses qu'elle nous enlève, et qu'il a de plus, l'art d'attirer continuellement à lui, par les annonces de la quatrième page de nos grands journaux.

La vérité doit à la fin se faire jour, et se dire librement quand il s'agit d'un intérêt public, fondamental pour son pays : nous nous privons volontairement (je voudrais pouvoir dire ridiculement), de ressources précieuses qui, dans telles circonstances critiques, pourraient nous venir en aide et prévenir (peut-être) bien des catastrophes.

Trois cercles peuvent être ouverts à Paris ; non publics, ils seraient composés ainsi : cercle des étrangers, cercle de haute société, et cercle intermédiaire entre les deux premiers.

La municipalité de Paris, par un adjudicataire, avec le titre de Ferme-Régie (elle peut avouer ses actes, y ayant un but louable d'humanité, le mot *Tolérance* ne peut et ne doit lui convenir), régirait, sous son contrôle, ces trois cercles où l'ouvrier, classe moyenne, marchande, et nul qui, par sa position de dépendance, ne pourrait disposer de son temps et de son avoir, ne seraient admis.

Ces cercles, avec toute la splendeur d'une capitale comme Paris, retenant et attirant l'étranger qui s'y plaît, peuvent rapporter annuellement *six millions*, et pour que de suite il y eût un effet apparent, un bien général, réellement humanitaire, qui présenterait un caractère de ces idées grandes et généreuses ; enfin un argent, pour ainsi dire ramassé, bien fructifié ostensiblement, qui frapperait l'imagination sur la prévoyance de l'homme pour soulager le malheur de ses semblables, la Ville passant un bail de dix ou douze ans, ferait après, immédiatement un emprunt ainsi employé :

20 *millions en Établissements d'assistances et de bienfaisances publiques ;*

20 *millions en Cités ouvrières ;*

20 *millions en Invalides civils.*

Avec ce capital, en ssn du bienfait de ces établissements qui seraient des monuments publics, comme il faut réserver de quoi pourvoir aux nécessités générales, l'on pourrait, ce qui est facile à démontrer, en faire ressortir une banque pour les *petits boutiquiers, petits fabricants,* vivant au jour le jour, sans ambitions, ne faisant pas faillite, et dont on ne s'est jamais occupé : par cette banque intermédiaire et toute humanitaire, il s'opérerait une circulation de numéraire qui procurerait de l'aisance et de la facilité à toutes les petites et modestes industries.

Ces soixante millions doublés à la fin du premier bail renouvelé, donneraient une impulsion incalculable aux mouvements des capitaux qui répandraient : *Travail, Sécurité, Tranquillité, Confiance, et cet avenir assuré* pour le peuple ouvrier qui ne serait par conséquent plus à la disposition de ces *Tribuns, agitateurs et par trop désorganisateurs !*

Un grand roi qui, par l'inspiration d'une âme élevée et vraiment royal, disait : « l'État, c'est moi ! » n'exprimait qu'un sentiment profond de nationalité en se confondant ainsi tout entier avec son peuple dont il se rendait la personnification la plus réelle !!

L'on peut dire maintenant : Paris, c'est la France ! capitale d'où émane, et le bien et le mal : fonds commun où s'alimente la végétation générale ; il y faut une semence, fécondée par le travail, bien divisée, qui développera tous les rameaux vivant du suc bienfaisant de l'organe du corps social.

Hommes, par l'appel universel, devenus législateurs ! ! L'étude de la nature, est une leçon positive, l'immortel et bon Lafontaine l'a écrite pour tous les siècles : rappelez-vous ce peuple, après l'adoration à ses idoles, qui les brisait, quand il n'éprouvait pas le soulagement qu'il leur avait demandé dans ses invocations ! ! !

JUSTICE ET COMPASSION !

Appel au Peuple Ouvrier.

J'ai vu le hameau et la chaumière, le palais doré, le salon, la mansarde et le pauvre grabat !

J'ai étudié l'ouvrier : quand on lui fait un appel à l'honneur, à l'humanité, il y répond toujours !

Tous les grands génies n'ont compris la force des États que dans cette union de l'âme populaire :

Dans sa sagesse, un saint roi, par la pureté de la sublime vertu, sous l'arbre de Vincennes, rendant la justice disait : « Surtout pour notre pauvre menu peuple qui est la force de notre État. »

Si vous perdez la bataille, disait aussi ce Roi chez qui tout était grand : « Écrivez-le moi, je montre votre » lettre au peuple, et, de suite, ban, arrière-ban, je » vous conduis cent mille hommes. »

En passant devant les Invalides où paisiblement viennent s'éteindre ces vestiges de la gloire, l'imagination s'élève aux vues du créateurs ! Impressionné, l'on ne peut s'empêcher de dire : il faut encore des invalides civils où l'honnête homme viendra avec calme terminer sa carrière ! !

Ce législateur administrateur, vrai bon sens incarné,

avec ce regard qu'il rendait électrique, connaissait bien comment de ce peuple il en faisait sortir des héros; en style bref, comme il savait s'exprimer : « Quarante siècles vous contemplent ! »

Bien coupables sont les rêveurs démagogiques qui, pour se créer ces futiles et passagères réputations, cherchent à dénaturer cette virginité du cœur humain qu'ils exhaltent pour s'en servir de levier, après l'avoir exaspéré par des idées d'un avenir qu'ils détruisent toujours en lui faisant perdre les bons sentiments inspirés par la nature !

Ce cœur à élans généreux, par la flatterie, ils le détournent des vrais principes d'ordre, de tranquillité et de travail ; lui représentant le fabricant, le marchand, le riche, comme ses tyrans ; divisant ainsi, par le tarissement de la source de fécondité, la société en deux camps ennemis.

Par la réalité de l'organisation humaine, peuple, ouvriers, je vous le dis en ami sincère : la nature à chacun, dans sa sage prévision, a réparti la spécialité du rouage par lequel il doit se rendre utile, et auquel il faut se soumettre.

A l'humanité, ensuite, appartient un devoir, sacré, divin, écrit dans la religion chrétienne : législateurs, magistrats, par leur mandat, en deviennent la représentation.

Votre avenir, votre existence, soyez-en certains, finiront par être assurés ; mais pénétrez-vous bien, vos misères passées ont dû assez vous l'apprendre : ce bien réel ne peut s'effectuer que par le courage de la résignation au calme qui ramène cette confiance qui doit exister pour resserrer les liens d'intérêts publics et communs qui nous unissent tous comme une seule famille, qui, par les fléaux de l'anarchie, perd toute sa force, morale et physique, seule base fondamentale de la vitalité d'un état.

Pauvre peuple, pauvre état !

Pauvre état, pauvre peuple !

Que je vous ai admirés, ouvriers, dans vos élans spontanés à porter secours : affrontant tous les périls, employant tout ce que vous aviez de force et d'énergie à travers les flammes des incendies !

Oh ! oui, je le répète, je vous ai étudiés : celui qui, parmi vous, a connu les besoins de l'adversité, a pu comprendre et apprécier avec bonheur votre animation empressée à réunir vos mains apportant le fruit de vos labeurs pour soulager le malheur qui accablait un de vos frères !

Hélas ! à l'avenir, repoussez ces discours insensés qu'à vos clubs frénétiques on venait débiter ; ces tristes souvenirs affligent l'homme qui, dans ses veilles, médite pour vous ; il gémissait alors de vous voir marcher dans un abîme qui à l'avance vous pervertissait, et vous aurait conduits, après la guerre civile : *à une liberté de mourir de faim, à une égalité dans la misère, à une fraternité comme celle de Caïn ! !*

Ces Démosthènes modernes . sans convictions, incapables de rétablir ce qu'ils ont détruit, ne savent regarder en face le danger qu'ils ont attiré, et en tremblant, ne cherchent qu'à se procurer les moyens d'échapper.

Il faut fermer ces plaies saignantes, les cicatriser : nos divisions ne peuvent servir que l'ennemi de la France, et c'est contre lui seul que nous devons courir aux armes !

Par l'union, par une Fraternité sincère, nous deviendrons invincibles : notre force compacte apprendra que le Français veut être *maître chez lui,* et rappellera aussi *que quelques fois il l'a été chez les autres.*

N'oublions pas ce vénérable, immortel et bon Pasteur, donnant son âme à Dieu, élevant cette branche d'olivier, symbole de la paix, se sacrifiant au milieu de son troupeau égaré, avec ce divin langage de la vertu céleste :

« *Que mon sang soit le dernier versé ! !* »

FRATERNITÉ, FAMILLE, TRAVAIL !

Imprimerie de Ph. Cordier, rue du Ponceau, 24.

PROTESTATION

ET DERNIERE

RESOLVTION

DV ROY D'ANGLETERRE,

Protecteur & deffenseur des
Eglises Reformees.

M. DC. XXII.

PROTESTATION ET RESOLVTION DV ROY d'Angleterre, protecteur & deffenseur des Eglises Reformées.

Our donner contentement à ceux qui entrent en soupçon & deffiance du suiect de la leuee de nos forces, & qui desirent estre esclaircis de nostre intention. Veu le commun bruit qui s'espend par tout, que c'est pour donner secours aux sujets rebelles (ainsi qu'ils les appellent) du Roy de France. Ie m'estonne de ce qu'on trouue estrange que pendant vne esmotion generalle qui est presque entre tous les peuples de la Chrestienté, & sur tout en l'Estat de l'Empire, nous nous soyons munis de forces suffisantes pour faire teste à quiconque auroit l'asseurance de nous venir affronter. Mesmes voyant l'ennemy dans nos entrailles qui enuahit & destruit le pays de nos amis & alliez. Aussi ne puis-ie croire

pouuoir encourir blasme. (I'entends de
ceux qui sont doüez de raison & sens
commun,) si estans griefuement esmeus
tant d'amitié que de compassion, digne
à la vérité d'vn Prince Chrestien & humain, & qui nous est commune auec
tous les Princes de la Confession d'Aus-
bourg, des horribles afflictions qu'en-
durent & souffrent tous ceux qui vraye-
ment font profession de la Religion
Chrestienne reformee, comme membres de Iesus Christ qui sont au Royaume de France : Nous ne les pouuons
mettre en oubly : Ains auons estimé
estre obligez de leur promettre sous cer-
taines conditions iustes & necessaires
pour le salut de la France & conserua-
tion de l'autorité du Roy tres Chrestien
de les ayder & secourir en ceste extre-
mité derniere de tous nos moyens &
nos forces. Car nous sommes bien as-
seurez qu'ils ne sont en aucune chose
qui concerne la puissance & autorité
royalle desobeissans à sa dignité, &
qu'ils n'ont iamais entrepris, moins encores le veulent ils faire contre la per-
sonne du Roy, son autorité, ou son Estat

comme ils en sont accusez sans raison,
sans argument & sans apparence. Ains
au contraire qu'ils sont & seront tousiours prests d'employer leurs biens &
leurs vies pour son seruice, & de luy rendre à iamais és choses politiques & temporelles toute l'obeyssance qu'ils doiuent par le commandement de Dieu,
moyennant qu'on les laisse en liberté
de conscience iouyr de l'exercice de
leur Religion suiuant ses ordonnances
& Edicts violez & enfreints par la force,
violence & coniuration publique de
quelques vns ennemis du repos dudit
Royaume: desquels mesmes les entre-
prises trop cogneuës par tout se sont
desbordees iusques là, sans auoir esgard
à la foy violee (qui est deuant tous hommes vne rebellion insigne contre le
Roy mesme, & vn scandale horrible par
toute la terre contre le bon renom de la
nation Françoise.) Que de se vouloir
s'ayder des principaux chefs de ladite
Religion, pour leur faire perdre apres
honteusement la vie. Et afin que le Roy
cognoisse auec qu'elle fidelité & asseurance tous ses subiects de la Religion

marchent deuant Dieu & les hommes,
qui veulent sans trouble d'esprit descen-
dre au iugement de la iustice, de leur
cause, & qu'il n'y a subiets au monde
plus esloignez de rebellion & sedition
dont ils sont contre toute raison & equité diffamez & noircis par l'imposture
de leurs ennemis. Ils ont protesté que
si durant ceste presente guerre nous co-
gnoissions qu'ils cerchent autre chose
par la deffence de leurs armes que d'e-
stre entretenus soubs la dignité de la
Couronue & autorité du Roy, de ses
loix & de ses Magistrats, au plein & entier exercice de leur Religion sans aucune distinction de lieux ou de personnes
de quelque qualité ou dignité qu'elles
soient, auec les seuretez requises en tel
cas pour tout l'aduenir autres que celles
qu'on leur a baillees cy deuant puis que
par tant de fois on les à massacrez, pillez,
& ruinez defonds en comble contre la
foy publique & les loix de la paix, &
conseruez en leurs biens, honneurs,
Estats, Offices & dignitez, & qu'ils vou-
lussent sous pretexte de Religion se retirer & separer en aucune chose ciuile &

semporelle de l'obeyssance qu'ils doiuent à sa Majesté ou bien attenter quelque chose contre elle & son Estat. Tant
s'en faut qu'ils desirent & entendent que
nous les secourions en vn si malheureux
dessein, qu'ils nous prient tres instam-
ment non seulement de les abandonner
& nous retirer d'eux. Mais qui plus est
de nous ioindre à sadite Maiesté pour
les deffaire & opprimer sans pardon &
misericorde, comme les plus meschans,
des-obeissans & rebelles qui furent on-
ques.

Outre ceste leur protestation, c'est argument est trop certain pour confirmer
qu'ils ne sont poursuiuis & affligez que
pour la conscience & la Religion, &
qu'ils ne se tiennent sur la defensiue que
pour ce suiet. Qu'ils exposent leurs
corps, leurs vies, enfans, estats, biens &
honneurs pour ceste cause, autrement
s'ils estoient excitez de quelque ambi-
tion, ou bruslez du desir des biens &
honneurs de ce monde, ils esliroient
plustost comme aucuns sortis d'entr'eux
& qui n'estoient des leurs de viure en
paix en leur patrie & leurs maisons, auec

leurs femmes, enfans, parens & amis, que
d'estre trauaillez, bannis, meurtris, pillez
& persecutez comme ils sont, mais comme vrais & fideles Chrestiens, cerchant
premierement le Royaume des Cieux,
ils ont deuant les yeux ces sentences de
Iesus-Christ. *Quiconque ayme sa vie, pere,
mere, femmes ou enfans plus que moy n'est pas
digne de moy, & qui me confessera deuant
les hommes ie l'auoüeray & cognoistray deuant mon pere, mais ie ne recognoistray point
au ciel celuy qui aura honte de me confesser en
la terre.*

Auec tous leurs deportemens qui ne
sont en rien esloignez de l'office de bons
& fidelles subiets, & les iustes offres &
submissions qu'ils font. Cecy encore
descouure ouuertemēt la verité de leurs
complaintes. Que pour empescher le
secours qu'ils pouuoient attendre ils ont
esté chargez & diffamez par les Ambas-
sadeurs, despechez de leurs ennemis vers
les Princes estrangers sous le nom & autorité du Roy des crimes cy dessus
mentionnez: mesmes depuis peu deuant
nous, les Estats des Prouinces vnies &
plusieurs

plusieurs Princes de l'Empire ausquels
ils ont fait la mesme protestation qu'à
nous:ce qui n'est incogneu à sadite Maiesté. Et tant s'en faut qu'ils soient trou-
uez coulpables des crimes de rebellion
qui leur sont imposez, qu'il ne se pourra
iustifier qu'ils ayent commis chose aucune en leur deffence pour la conserua-
tion de leur Religion & vie, qui n'ayé
esté cy deuant approuuee par les Roys
predecesseurs de sadite Maiesté en faict
semblable en ceux qui les ont precedez,
quand estans iniustement poursuiuis
pour mesme cause, & qu'ils se sont mis
sur la defensiue, ils ont esté aduoüez par
les Edicts de paix pour fidelles & obeis-
sans suiets & seruiteurs de sadite Maiesté. Les articles desdits Edicts confir-
mans tout ce qu'ils auoient fait:comme
faict à bonne intention & pour leur ser-
uir, tous lesquels Edicts toutesfois au
grand mespris & deshonneur de la
France,& de leurs Maiestez, n'ont esté
executez par les pratiques & coniura-
tions publiques de leurs ennemys.

Estant donc leur misere extreme & la
iustice de leur cause telle, il n'y a rien

B

plus conuenable au deuoir d'vn Prince
Chreſtien ny plus vtile & neceſſaire
pour le bien de la Couronne & Eſtat
François que d'en auoir pitié : car on ne
peut nier qu'il ne ſoit icy queſtion de la
defenſe & conſeruation des plus ancien-
nes familles de toute la Nobleſſe, des
premiers & principaux membres de
tout l'Eſtat, des plus notables & remar-
quables perſonnes en vertu, prudence,
experience, dignité, autorité & reputa-
tion, qui iuſtement & franchement recognoiſſent ſa Maieſté tres-Chreſtienne
pour leur Roy ſouuerain, ſeigneur &
Prince naturel, ſacré & eſtably de Dieu
pour leur commander en toutes choſes
politiques, ciuiles & temporelles. Luy
rendans en cela ſans aucune difficulté
tout le deuoir & obeyſſance qu'ils luy
doiuent. Or il eſt certain que la ruine de
telles perſonnes membres de l'Eſtat ne
peut eſtre eſloignee de la ruyne ineuita-
ble du Royaume. Ce que l'on peut aiſé-
ment iuger. Car auſſi peu ſe pourroit
ſouſtenir ceſte couronne & ſe deffendre
en la neceſſité ſans ceux deſquels il eſt
maintenant queſtion (veu qu'il y va de

la ruyne des Princes & de la Nobleſſe
qui a eſté touſiours la ſeule force de la
France) qu'vn corps ſans nerfs ſans iam-
bes & ſans bras.

Et combien que leurs aduerſaires ne
cognoiſſent que trop que la lōngue ſuit-
te des troubles apportera ſans aucune
doute la ruyne de l'Eſtat cōmme il n'y a
homme doüé de raiſon & ſens commun
(s'il n'eſt de nature & de profeſſion ennemy dudit Royaume) qui ne cognoiſ-
ſe & ne deplore ce malheur. Et qu'ils
deuſſent à bō eſciēt les premiers mettre
la main pour les eſteindre & appaiſer,
Si eſt-ce que d'vne audace incroyable,
ils abuſent du nom & authorité de ſadite Maieſté, meſpriſent ſes Edicts, les caſ-
ſent & violent ſans reſpect & ſans crainte, l'enflamment de plus en plus, pour
courir ſus à ſes bons ſubiets, leuent de
toutes parts des Eſtrangers ſous ſon
nom pour les piller & maſſacrer, & pour
les empeſcher de iouyr de la Paix, tant
de fois faite & confirmee, ſous couleur
de laquelle leſdits bons & fidelles ſubiets
ont touſiours eſté pillez, meurtris &
bannis, leurs femmes & filles publique-

ment rauies & violees, les enfans tuez
entre les bras de leurs nourrices, voire
que sans distinction de sexe , sans auoir
esgard aux femmes grosses, aux ieunes
& aux vieux, aux nobles & aux roturiers,
pauures ou riches , petits ou grands , on
a durant la Paix fait par toute la France,
vne sanglante boucherie desdits pauures subiets , qui font profession de la
Religion.

Par leurs requestes mesmes & remon-
strances faites en plein Conseil à sadite
Maiesté, pour luy declarer leur misere,
auoir quelque iustice & estre aucunement releuez des oppressions desquelles
ils font accablez, on voit des meurtres
si cruels commis contre la foy publique,
sur eux, leurs femmes & enfans, que les
Scithes les plus barbares : Voire les
Lyons & les Ours en auroient horreur.
Car encores que de tout temps la terre
ayt supporté des Tygres deguisez sous
forme humaine, bruslans de desir d'a-
ualer à longs traits le sang humain, si est-
ce qu'il n'y a histoire ny sainte ny pro-
phane, qui face mention de chose aucune qui en approche.

Et encores que toutes choses soient
en telle fureur extremement à deplorer,
si est-ce qui s'enfuit l'est plus que tout le
reste, que tous ces sanglans meurtres
soient faits sous le nom & authorité de
sadite Maiesté, & qui plus est par ceux
qui ont ses forces en la main, qui se cou-
urent de ce pretexte, que ceux là sont rebelles desquels ils espandent le sang,
combien que la pluspart de ceux qui iusques icy, ont esté cruellement meurtris,
fuessent ou vieillards, ou femmes & enfans, qui tous ensemble pour leur crainte & infirmité, ne sont propres pour
porter les armes, & aucuns d'eux pour
leur aage & simplicité ne peuuent pas
sçauoir que c'est que rebellion.

Et pour monstrer encore mieux que
ceste accusation de leze Maiesté, sedition & rebellion, n'est aucunement
vray semblable, il ne se peut verifier
qu'aucun de ceux qui font profession de
la Religion Reformee ait iamais violé
les loix du Royaume, en ce qui concerne sa paix & son repos.

Que si on allegue qu'ils ont commis
choses qui ont offensé sa Maiesté, il est

de sa iustice de separer la faute & iniure priuee de la iustice & equité d'vne cause commune & de conseruer l'innocence sans l'opprimer sous le fardeau de la faute d'autruy.

Or combien que leurs ennemis d'eussent estre contents d'auoir tant espandu de sang contre les Edicts & Ordonnances. Si est ce que marchant tousiours d'vne cruauté, iniustice & impieté en vne autre, ils veulent persuader à sa Maiesté de les bannir de son Royaume, de n'y permettre ou receuoir autre Religion que la Papale, & d'obliger absolument tous ses subiets à l'obseruation entiere du Concile de Trente. Ce qui ne peut trainer auec soy qu'vne effusion miserable du sang des Innocens & vn dernier malheur audit Royaume.

Sa Majesté pressee de ce Conseil doit meurement penser qu'elle charge de conscience elle attire dessus soy par vne telle oppression de tant de gens de bien. Peché certes inexcusable au dernier iour deuant le Seigneur, qui en sa fureur requerra le sang iniustement & cruellement espandu sous son sceptre & son autorité.

Les sainctes Escritures nous fournissent assez de tesmoignages pour nous asseurer combien la mort des saincts est precieuse deuant Dieu, & son fils Iesus Christ nostre Seigneur nous enseigne que qui les persecute le persecute & celuy qui l'a enuoyé.

Outre le pesant fardeau que sadite Maiesté charge sur sa conscience, elle peut ayséement iuger qu'elle ruyne apporteront en France tant d'estrangers qu'on met de toutes parts dedans, & si elle veut prendre la peine de se faire lire les histoires de ses Majeurs, elle recognoistra qu'ils se sont sagement retenus de faire le semblable ou de donner occasion à d'autres de le faire.

Que si outre les contempteurs de Dieu ou qui de certaine science ou malice desesperee s'opposent à son regne, il y en a aucuns qui pensent s'excuser de tant de cruautez qu'ils font sur vn zele indiscret esloigné de toute prudence. Ils s'abusent du tout : Car on ne peut contenter Dieu ou l'appaiser d'vn zele sans science qui luy desplaist, & qu'il punit ordinairement. L'exemple de Saül

eſt manifeſte qui perſecutant les Chre-
ſtiens pour ſatisfaire au zele qu'il auoit
à la loy, oüyt auec eſtonnement & re-
prehenſion tres-iuſtes ces paroles du
ciel, *Pourquoy me perſecutes tu?*

Et d'autant que tout le different de
ceſte affaire ne touche en rien les choſes
temporelles dudit Royaume. Mais ſeu-
lement la conſcience des ſubiets que
Dieu tres-bon & tres puiſſant s'eſt re-
ſeruée ſans la vouloir aſſuiettir à la puiſſance & iuriſdiction des hômes pour luy
preſcrire loy en ce qui concerne ſon ſeruice, il ſeroit tres-vtile que ſadite Maieſté ſe propoſaſt deuant les yeux le con-
ſeil de Gamaliel, Que ſi ces affaires ne
ſont point de Dieu elles s'eſuanoüiront
d'elles meſmes. Au contraire ſi Dieu les
fauoriſe toute la puiſſance des hommes
ne les peut empeſcher, ce qui ſe confir-
me par tous les autheurs qui ont eſcrit
de l'Eſtat de l'Egliſe.

Ce chemin ſeroit donc tres-ſeur pour
aſſeurer la paix dans ledit Royaume, ſi
on ne preſſe point en ce qui concerne la
foy enuers Dieu, & le deuoir à ſon ſeruice, la conſcience de tous ceux qui ne

veulent

veulent s'affuiettir à la Religion Romai-
ne : Qui toutesfois en ce qui eſt de la
police & de l'obeyſſance qu'ils doiuent
à ſadite Maieſté ſelon la parole de Dieu,
recognoiſſent ſes loix comme tres-
humbles & tres-fidelles ſubiets qui of-
frent leurs corps & leurs biens pour ſon
ſeruice, & ſi ſans nulle exception de lieux
ou de perſonnes on leur permet de ſe
renger en toute liberté à l'exercice de
leur Religion, ainſi quelle eſt compriſe
en leur confeſſion de Foy, par eux cy deuant preſentee, ſans eſtre pour cela ou
empeſchez ou recerchez à l'aduenir ny
moleſtez en leurs vies, biens, eſtats, offices, honneurs & dignitez, & en les trait-
tant en toutes choſes comme les autres
qui font profeſſion de la Religion Ro-
maine, d'autant que l'inegalité a eſté de
tout temps la mere des ſeditions & des
troubles d'Eſtat. Par ce moyen, ſa Maieſté pourra empeſcher & retrancher
à l'aduenir le cours de tant de maux
qui menacent ledit Royaume, & s'il
veut enſuiure comme vn exemple re-
marquable, la loy eſtablie en l'Empire
pour la defēſe & cōſeruation de la tran-

quilité publique, touchant les differens
qui sõt au fait de la Religiõ, il pourra ay-
sément restablir & garder la paix & vniõ
communē entre ses subiets. Car ce qui se
pratique entre tãt de differẽs Princes de
Religion & d'Estat dedans vn Empire,
se peut sans doute pratiquer entre les
suiets d'vn Royaume & auec bien plus
de raison, si sans aucune conniuence on
faict egallement punir tous les pertur-
bateurs & infracteurs de la paix & du repos public, sans exception de personnes
ou de Religion.

Pour ces raisons, nous prions de toute
nostre affection sadite Maiesté de prendre en bonne part, si en Prince Chrestien & pour iustes & grandes causes necessaires pour la manutention de son
estat. Nous auons promis de donner de
toutes nos forces & moyens iusques à la
fin de la guerre, secours à tous ceux qui
de mesme Religion & profession que
nous, sont pour icelle persecutez en son
Royaume, ainsi qu'ils en sont dignes
cóme vn chacun le peut iuger: car encores qu'ils soient contraints par necessi-
tez extremes & infinies iniures, de re-

courir aux armes iuſtement permiſes de
Dieu pour la defenſe des loix, de leurs
vies, de leurs femmes, enfans & biens,
contre la rage & fureur enuemimee de
leurs aduerſaires. Si eſt-ce neantmoins
qu'ils ſont & ſeront touſiours preſts
quelque force qui les aſſiſte de luy obeyr
ainſi qu'ils doiuent, & pouuons à la verité & deuant Dieu aſſeurer ſadite Maieſté, que nous auons cogneu en eux vn
dueil & regret extreme d'eſtre forcez
pour la defenſe de leurs vies ſous ſon
obeyſſance, & la iuſtice de ſes loix de
recourir aux armes, qu'ils deſirent plus
de poſer que d'en vſer, moyennant qui
leur ſoit permis ſous les conditions des
ſeuretez requiſes pour le temps à venir,
de iouyr librement de l'exercice entier
de leur Religion.

Que ſi peut-eſtre on nous accuſe deuant ſadite Maieſté de regarder à autre
fin en ceſte ſainte & loüable entrepriſe,
grandement neceſſaire pour le bien de
la Chreſtienté, qu'a la defenſe & conſeruation de l'authorité de ſadite Maie-
ieſté. Nous la prions affectueuſement
de leuer ce ſoupçon & de n'en rien croi-

ſe, Car nous aſſeurons ſadite Maieſté en
ſaine conſcience & auec verité, que noſtre intention n'eſt point d'opprimer,
fourrager, gaſter, ſaccager ou piller ſon
Royaume ou ſes ſubiets, mais pluſtoſt
de nous efforcer de les defendre & conſeruer ſous ſon obeyſſance : & de continuer de noſtre part de plus en plus en
toutes choſes, non contraires à la gloire
de Dieu, à la defenſe & conſeruation de
tous ſes membres & de tous les aſſociez
de la Religion, dont ie fais profeſſion.
La bonne amitié qui a touſiours eſté
nourrie entre les Roys de France ſes
predeceſſeurs, & ſadite Maieſté & les
Princes de l'Empire. Ce que nous mon-
ſtrerons touſiours par effect & experience à la premiére occaſion qui ſe preſen-
tera, afin que ſadite Maieſté puiſſe co-
gnoiſtre de quelle entiere affection nous
deſirons nous employer en toutes choſes qui touchent ſa perſonne, ſon Eſtat
& ſes ſubiets, exceptant touſiours le Religion & le ſainct Empire d'Allemagne.

Et pour en faire vne preuue aſſeurée,
& en donner des arres infaillibles, Nous
promettons dés maintenant, en foy &

parole Prince , non feulement de nous
retirer , mais auffi de quitter tous nos
interefts, auffi toft que fans dol ou frau-
de, on permettra à tous les fubiets de fadite Maiefté de la Religion , de quelque
dignité ou qualité qu'ils foient, l'exercice libre & entier de leurdite Religion,
fans aucune diftinction de lieux ou de
perfonnes, auec l'entiere iouyffance de
leurs biens, honneurs, eftats dignitez &
offices, fous les conditions & feuretez
requifes, pour l'accompliffement & en-
tretenement de ces chofes à l'aduenenir.

Et pour conclurre, Nous voulons bien
bien que fadite Maiefté foit aduertie,
que nous proteftons deuant Dieu , que
fi noftre aduertiffement procedant d'vn
bon cœur & d'vne faincte affection n'eft
bien receu , & fi les autheurs de fes troubles continuant leurs fureurs , accroif-
fent à noftre veuë le malheur par toute
la France, auec beaucoup plus de ruine
& d'effufion de fang qu'auparauant,
Nous n'eftimons pas qu'on nous doiue
ou puiffe imputer la faute de ces cala-
mitez extremes : moins encores que cy-
apres on nous furcharge de ce qui ad-

uiendra par la temerité & rage desbor-
dee de ceux qui empeſchent la paix &
qui troublent l'Eſtat, nous aſſeurant que
au reſte que la ſeule neceſſité & la iuſtice
de la cauſe, verifiera touſiours deuant
toute la Chreſtienté, l'equité de noſtre
entrepriſe.

Voila en bref ce que nous auons eſtimé
(l'occaſion le requerant & la neceſſité)
que nous deuions mettre en auant pour
ſatisfaire à ce qu'on à requis de nous de
la part de ſadite Maieſté, & pour l'aſſeurer qu'il n'y a nul deuoir digne d'vn ſeigneur & bon amy, & qui luy puiſſe eſtre
agreable pour conſeruer ſon amitié &
bonne grace, que nous ne ſoyons touſiours preſts de faire de bon cœur.

FIN.